Doris Wolf   Markttreiben

Doris Wolf

Markttreiben

ISBN 9 783743 114470

© 2016 Doris Wolf
Satz und Layout: Wolfgang Wurm
Herstellung und Verlag:
BoD – Books on Demand, Norderstedt

Inhalt

Markttreiben

Schau dich ruhig um
du findest viel Schönes
das und das und das
bleibst stehen, gehst weiter

Neben dir steht es schon wieder
dein Gewissen
kann ein Teil von dir sein
oder auch nicht

Jedenfalls steht die Frage
muss das jetzt sein?
Brauchst du das denn?
Und wozu?

Nervig einfach
immer dieser Einfluss im Rücken
du gehst doch aber gerne hin,
willst nicht verzichten
auf das

Markttreiben

Dem Himmel so nah

so nah bist du ihm, oft
meist in deinen Träumen,
in deinen Gedanken

deine Fantasie erschließt dir
viele Möglichkeiten
immer wieder

aber tatsächlich
im Flieger, im Ballon
hast du ihn zum Anfassen

er lässt sich nicht ergreifen
eindrucksvolles Bild
zauberhafte Wolken

Dem Himmel so nah

Dem Himmel so nah (Ausschnitt), 70 x 90 cm, Acryl 2016

Verzeih

Du kannst es
jetzt, nach den vielen Jahren
ist es nicht mehr wichtig

was war denn schon dabei
redest du dir ein,
aber der Schmerz ist da

der tiefe Schmerz
ist er auszugraben,
wegzuwerfen?

du benötigst ihn nicht
eine Last ist er, du weißt das
überwinde doch deinen Stolz und

Verzeih

Du kannst es
jetzt, nach den vielen Jahren
ist es nicht mehr wichtig

Seifenblase, 80 x 100 cm, Acryl 2015

Jugendliebe

Wo bist du?
Liebe meines Lebens
ich sehe dich nicht mehr
kann dich nicht finden

Nun bist du endgültig auch
aus meinen Gedanken verschwunden
nur manchmal noch
spür' ich es ganz tief

Und plötzlich bist du da, bei mir
aus dem Nichts
heiß und stürmisch
wie erträumt

Zweifel kommen
schmerzhaft falle ich
auf den Boden der Realität
in der Sehnsucht lebte eine andere

Jugendliebe

Red Lady 1, 70 x 90 cm, Acryl 2015

Es geht ihm gut

So ist es oft
er fällt hin, er steht auf
alles ist gut
es geht ihm gut, sagt er

Und doch fehlt sie ihm
diese seine Freiheit,
sie war immer da, immer
ist sie fort für immer?

Er kann es nicht fassen,
er hat Angst, große
Hoffnung bleibt
bitte bleib wenigstens du

Stürme fegen hinweg
es ist hart, bitter wohl auch
nur manchmal schön
immer zweifelnd

Er fühlte sich eingeengt
war zu früh alles
erst nach Jahren, viel später
kann er wieder sagen

Es geht ihm gut

Der Weg zu den Wolken

Wo geht es hier zu den Wolken?
Eben hast du den Aufgang noch gesehen
und schon ist das Bild wieder verändert.
Plötzlich schwebt die riesige schwarze
Raumstation über dir
erst einmal keine Aussicht auf den Zugang
du kannst in der Ferne eine helle Treppe erkennen,
da geht es wohl lang

Aber sie will dich einfangen, die Raumstation
sie hat die Störung verursacht
jetzt lässt sie überflüssiges Wasser ab
der obere Verwalter duldet keine Unreinheiten.
Du wirst springen müssen,
da ganz vorn siehst du mehrere Einstiege
aber welcher ist für dich vorgesehen?

Keine Abgrenzung, keine Einteilung
alles watteweich, wie soll das glücken?
Beginne mit einem kleinen Absatz
du schwebst zu einer günstigen Plattform
pass auf, der starke Wind darf dich nicht erfassen
herunter pusten, du musst dich festhalten
warte den günstigen Zeitpunkt ab

Die Raumstation hat sich verzogen
alles ist frei, du hast eine große Auswahl,
die riesigen weißen Stationen sind
von links im Anmarsch, sie haben sich formiert,
wohl zu einem Angriff, aber gegen wen?
Zum Glück sind die hohen majestätischen
dreiflügligen Verteidiger in Stellung gegangen

Alles ist wieder ruhig, glatt,
aber du siehst keinen Aufgang
du weißt, ganz weit hinten
wartet die nächste Gelegenheit
oder sieh nach rechts, ungeahnte Möglichkeiten!
Genau wie auch zur Linken
aber viel zu hoch, was für ein Spektakel
du wirst ihn ewig suchen müssen

Die Raumstation öffnet schon wieder ihre Luken,
du zögerst,
du siehst die beiden Glocken an der Pforte
das Schauspiel verpasst du nicht
das ist die Einladung, was erwartet dich dort?
Für dich werden die Stufen in tausend Grautönen
ausgefahren,
du bleibst, lass dir nichts entgehen

Der Himmel weint,
strahlenförmig schickt er seine Güsse aus
wichtiges kühles Nass, es reicht für alle
genieße die saubere stille Luft, atme tief
ehe sich jetzt schon wieder etwas zusammenbraut,
du hast dich entschieden,
es ist zu schön anzusehen,
da geht man nicht fort, schaut nicht weg.

So geht das wohl immer weiter, immer fort
du wirst ihn ewig suchen,

Den Weg zu den Wolken

Nordwolken (Ausschnitt), 30 x 40 cm, Acryl 2014

Gut siehst du aus

wo sind sie nur geblieben
die Jahre, die guten
und auch die bösen

ich kann sie nicht sehen
in deinen Augen,
in deinem Lächeln

es bereitet Freude, dich anzuschauen
die kleinen Alterszeichen
fallen nicht ins Gewicht

ich kann die Augen
nicht lassen von dir
und bin sehr froh

Gut siehst du aus

Licht, 50 x 70 cm, Acryl 2015

War es ein Irrtum?

Du hast dich darauf verlassen,
dass alles so wie es ist
genau richtig ist
ich liebe dich, du liebst mich

Alles hat seine Bahnen,
die Weichen sind richtig gestellt,
die Liebe, das Vertrautsein,
manchmal ein Streit

Niemals hast du daran gedacht,
dass es ein Ende geben könnte
nicht in den düstersten Zeiten,
alles war wieder gut, immer

Und doch, der Schlag hat gesessen,
er nagt an dir, es geht dir nicht gut
das Ungeziefer gräbt sich tief und tiefer
es lässt nicht los

Es reißt dich mit,
was war falsch? Was hast du verpasst?
Wo ist der Wendepunkt?
Du weißt es nicht

Doch sei wachsam jetzt
rette dich aus dem Strudel
da sind Hände, die dich halten wollen
greif zu, sei stark

Carpe diem, 80 x 100 cm, Acryl/Collage 2016

Stell dich auf die Füße und lauf los
immer weiter und weiter
bis du erkennst, hier ist es gut
hier kannst du verweilen

Hier hat alles wieder einen Sinn,
du schaust zurück,
was war prägt sich dir ein,
und du fragst immer wieder

war es ein Irrtum?

Bleibe ich hier, geh' ich zurück?

Inzwischen ist es Herbst geworden, auch ein wenig kälter, besonders nachts. Muss ich mir jetzt eine wärmere Bleibe suchen?

Wie mag es ihnen gehen? Ich habe zwei große Gefühle in meinem Herzen; es tut mir weh, wenn ich weiß, dass sie traurig sind, verzweifelt gar. Und andererseits ist es herrlich, frei zu sein, nichts schmerzt mehr. Ich fühle mich gut, sehr gut sogar.

Obwohl mein Herz manchmal zerspringen mag, sagt es mir immer wieder, dass alles richtig war. Ich frage mich pausenlos, wie hast du es nur geschafft, wie stark musst du sein? Alles hast du hinter dir gelassen, alle verlassen. Du bist nur noch du.

Es ist jetzt ganz wichtig für mich, dass ich stark bleibe, das ist es auch, was mich über Wasser hält. In meinen trübsten Stunden durchlebe ich alles noch einmal, die Flucht, die Zweifel. Aber jetzt bin ich hier. Ich bin sicher, ich werde nicht mehr gesucht, sie haben aufgegeben. Da waren auch viele helfende Hände.

Meine Schwester Tonja hat es gewusst, ich weiß, dass sie meine tiefsten Sehnsüchte erraten hat. Und meine Schwester Anetta glaubt es immer noch nicht, wie ich sie kenne. Und die Mutter? Und der Sohn, mein lieber Junge? Sie haben es nicht verdient. Aber mein Herz war so schwer. Ich dachte an keine Konsequenzen, nur fort wollte ich.

Fremder Strand, 50 x 70 cm, Acryl 2016

Diese Gedanken kamen erst später, aber ich will jetzt an mich denken. Nichts soll umsonst gewesen sein.

Die Bleibe ist ein bescheidenes zerlumptes Zelt, oder besser nur eine Zeltbahne, die über einem Baum hängt. Befestigt am Boden mit angespitzten Ästen. Ja richtig, ein wenig Werkzeug aus dem Hotel und meinen dicken Pullover habe ich mitgenommen. Bei der Busfahrt war dies alles in meinem Rucksack, alle wunderten sich, was ich da wohl mitschleppen würde.

Ich schlafe auf Stroh und Laub, finde immer mal wieder vergessene Handtücher und Decken am Strand. Manchmal ist es mir sehr kalt in den frühen Morgenstunden, obwohl die Temperaturen noch sommerlich sind. Da hilft mir ein kühles Bad im Meer. Dann kommt auch bald die Sonne wieder und ich kann mich nur noch so richtig wohl fühlen.

In der Dunkelheit habe ich manchmal Angst, das ist ein neuer Zug von mir, den ich vorher nicht kannte. Ganz schlimm wird es, wenn ich es knistern und knacken höre. Eines Nachts, wieder einmal kann ich nicht schlafen, höre ich sie, diese Geräusche, die mir Angst machen. Sie werden immer lauter, immer stärker, sie kommen von überall her, immer näher und näher.

Ich beiße mir auf die Lippen, damit ich mich nicht verrate. Mir kommen die Tränen, ich möchte schreien. Ich sehe mich bereits zerfleischt am Boden liegen, Geier kreisen über mir. Wie soll ich das nur überstehen? Sie hören ganz sicher mein Herz klopfen, ach was, rasen.

Ich zittere, gleich werde ich ohnmächtig.
Plötzlich sind sie weg, die Geräusche, alles ist still, ich
höre nichts mehr. Langsam kehrt in mein Herz wieder
Ruhe ein. Ich stehe auf, da sehe ich sie noch laufen, die
kleinen Ziegen.

Jetzt stürme ich in die Dunkelheit, ich renne davon,
niemals kehre ich an diesen Ort zurück, ich will nach
Hause! Doch ich beruhige mich schnell wieder, geht
mir das jetzt immer so? Wie kann ich nur nach Hause
wollen!

Ich bemühe mich um eine andere Bleibe.
Vielleicht finde ich hier eine Ruine, eine zerfallene
Hütte, die gibt es hier doch genug.

Ich habe etwas gefunden, einige andere sind auch schon
hier, schade. Zwei von ihnen kenne ich bereits, es sind
die Ziegenhirten, trotzdem schade. Ich wäre viel lieber
allein, andererseits sind alle sehr nett und helfen mir,
nehmen mich auf. So lerne ich sie besser kennen, kann
ihre Sprache erlernen, und dann bin ich doch froh, nicht
allein zu sein.

Immer wieder muss ich mich zur Ruhe zwingen, ich
will erzählen, schreiben, nichts vergessen, was mir
durch den Kopf geht. Es ist wie im fahrenden Zug
stehen bei offener Tür, ich habe Angst, dass mir alles
davonfliegt. Lange Wanderungen am Strand geben mir
Ruhe, ganz selten treffe ich Spaziergänger, meistens mit
Hund. Da verspüre ich schon wieder diese Angst, nur
weiß ich nicht genau, ob vor den Hunden oder vor den
Leuten. Könnte ja sein, ich werde erkannt.

Wie kann ich nur erfahren, ob die Suche nach mir wirklich eingestellt wurde. Mit der Sprache habe ich inzwischen keine großen Probleme mehr, auch das Lesen geht schon ganz gut. Und immer, wenn ich eine Zeitung habe, entweder finde ich eine oder meine Mitbewohner bringen mir eine mit, suchen wir nach Hinweisen. Ihnen gegenüber habe ich Vertrauen, sie lesen mir auch manchmal etwas vor, hauptsächlich Marisa und Filipe, mit ihnen verstehe ich mich am besten.

Aber eine Suchanzeige nach mir haben wir noch nicht gefunden. Drei Monate sind seither vergangen, noch keine lange Zeit, und es reicht auch noch nicht für einen Gang in die Stadt. Da muss ich noch Geduld haben. Essen und Trinken für mich bringen mir meine neuen Freunde immer mit, noch habe ich Geld. Wenn es irgendwann verbraucht ist, werde ich wohl weiter ziehen müssen. Ich kann nicht immer hierbleiben, aber wie geht es weiter?

Noch weiß ich es nicht.

Bleibe ich hier, geh' ich zurück?

Öl (Ausschnitt), 60 x 90 cm, Acryl 2016

Deine Gesundheit

Du wünschst dir nichts sehnlicher
als gute Gesundheit,
und glaub es, jeder wünscht sie dir,
aber wie kannst du sie erhalten?

Lass deinen Körper bitte nicht allein,
er schafft das nicht ohne dich
steh ihm zur Seite,
tu was

Befreie dich von deinen jetzigen
inneren Beratern, die wollen nichts Gutes
sie wollen nur ihre Ruhe haben
vertreibe sie endgültig

Du wirst sehen, wie gut dir das tut,
raus in die Natur
jetzt das anfängliche Grün bestaunen,
schon mal die kleinen zarten Knospen
entdecken

Ist es das nicht wert?
Kannst du bei solch einem Anblick
nicht auch deine Seele baumeln lassen?
Es geht dir gut dabei

Die Schönen 2, 40 x 40 cm, Acryl 2015

Es ist so wunderbar,
teilzuhaben an den schönen
Naturereignissen
dein Herz wird weit und weiter

Du willst dich bewegen
strahlst Freude aus
willst dabei sein
sie dankt es dir

Deine Gesundheit

Wirklichkeit

auf dem Boden der Realität
wirst du erfahren,
was dich bewegt,
du weißt es schon lange

denke klar und in Ruhe
an deine Zukunft
was wird aus mir,
was geschieht mit mir

kann ich das alles ertragen,
wie weit ist der Weg dahin
begleitest du mich, wird es gut
ich will nicht allein sein

Steine sind immer im Weg
aber es ist der richtige,
ich bin bei dir
in deiner

Wirklichkeit

Bunte Stadt am Wald (Ausschnitt), 70 x 90 cm, Acryl 2015

Glaub mir doch

Es ist schwer,
sehr schwer manchmal,
dir etwas zu erzählen

du zweifelst,
unwiderlegbare Fakten
bekommen eine Chance

wenn sie greifbar sind,
ist es ein Gewinn,
nimm dir Zeit
und bitte

Glaub mir doch

Fallendes Licht, 50 x 70 cm, Acryl/Collage 2016

Warum magst du dich nicht?

Du hast kein Vertrauen zu dir
dir fällt es sehr schwer,
dein Gegenüber anzuschauen,
anzusprechen

Du befürchtest, man könnte in deine
Seele schauen,
erkennen, was du gerade fühlst,
wie es dir geht

Und du weißt gar nicht genau,
was du gerade fühlst oder denkst,
nur raus aus der Umklammerung,
weg von hier

Wo ist nur in diesem Augenblick
dein Selbstwertgefühl geblieben,
wo hast du es verloren?
Hol es wieder, sehr bald

Schau dich an, sieh in den Spiegel,
bist du es nicht wert, angeschaut zu werden?
Du bist du, denk immer daran,
dich soll keiner mehr fragen dürfen

Warum magst du dich nicht?

Abendhalme, 40 x 40 cm, Acryl 2015

Vergessen

Du willst vergessen
nicht alles,
nur die Pein

aber sie ist hart
ist oft in den Gedanken
welche Qual

dann ist sie aber wieder da
die Hoffnung
auf das

Vergessen

Ausbruch (Ausschnitt), 60 x 90 cm, Acryl 2016

Morgen

Bist du bereit?
Du kennst deine Vorhaben,
sie sind nicht groß

du beginnst,
aber die Gedanken schwirren davon
in eine andere, wunderbare Zeit

sehr schade
wieder ist ein Tag vergangen
du denkst an

Morgen

Sonnenblumenblüte, 40 x 40 cm, Acryl 2015